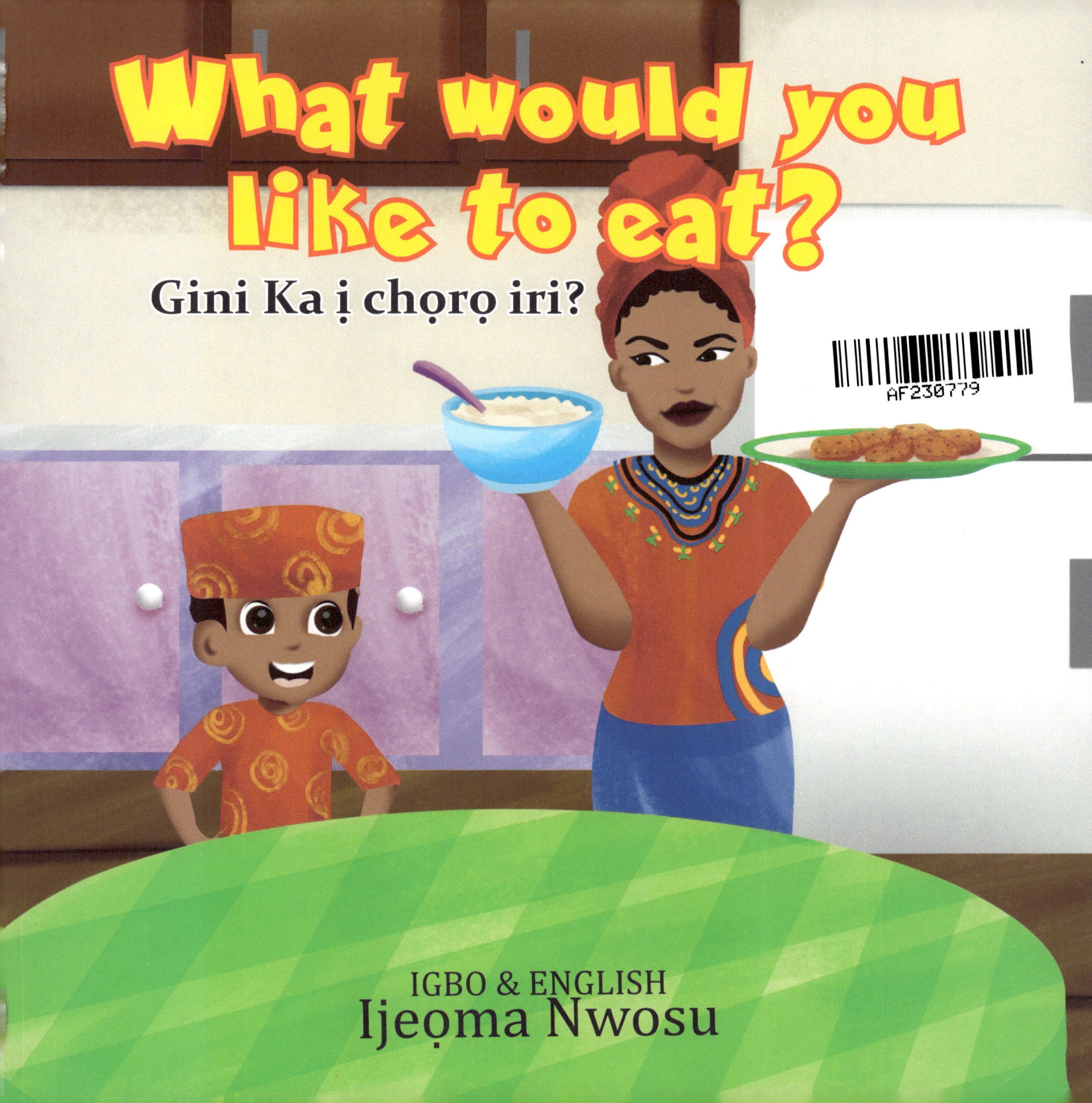

What would you
like to eat?
Gini Ka ị chọrọ iri?
IGBO & ENGLISH
Ijeọma Nwosu
AF230779

Gini ka ị chọrọ iri?
What would you like to eat?

A dual language book, English with Igbo
Copyright 2022
Ijeoma Nwosu

www.igbobooksforkids.com
Instagram: *igbo books for kids*
Email: *igbobooksforkids@gmail.com*

**Maka umuaka nke anyi na ndi choro isụ asụsụ igbo
anyi n'ụwa n'ile.
Ka anyi na-asụ asụsụ igbo.
Igbo Amaka.**

For my children and all who would like to speak our igbo
language everywhere in the world.
Lets keep speaking the igbo language.
Igbo is beautiful.

Nne   -   Ụtụtụ ọma.
ị rahụkwara ura nke ọma?

Mother   -   Good morning.
Did you sleep well?

akwukwo
A B CH
Rigo Osisi Oroma
Riri ji

**Nwa   -   Nne Ụtụtụ ọma
               A rahụrụ m ura nke ọma**

Child   -   Good morning mother
                      I slept well.

Nwa   -   **Agụụ na agụ m**
Nne   -   **jikere ka ị bia rie nri**

child   -   I am hungry.
Mother   -   get ready then come and eat.

akwukwo
A B CH
Rigo Osisi Oroma
Riri ji

Nne - **g̣ịnị ka I chọrọ iri?**
Nwa - **a chọrọ m iri ... em ...**

Mother - What would you like to eat?
Child - I would like to eat.... erm...

Nne - **ị chọrọ iri ji?**
Nwa - **em....**

Mother - Would you like to you eat yam?
Child - erm...

Nne - ị chọrọ iri osikapa?
Nwa - em....

Mother - Would you like to eat rice?
Child - erm...

Nne - **ị chọrọ iri moimoi?**
Nwa - **em...**

Mother - Would you like to eat bean cake?
Child - erm...

Nne - **ị chọrọ iri achịcha?**
Nwa - **em...**

Mother - Would you like to eat bread?
Child - erm...

Nne   -   ị chọrọ iri akara na akamu?
Nwa   -   em...

Mother   -   Would you like to eat bean fritters and pap?
Child   -   erm...

Nne - **ị chọrọ iri ụtara na ofe?**
Nwa - **em...**

Mother - Would you like to eat fufu and soup?
Child - em...

Nne   -   ị chọrọ iri abrika
Nwa   -   em...

Mother   -   would you like to eat plantain
Child   -   erm...

Nne - **gịnị ka ị chọrọ iri?**

Mother - What will you like to eat?

-26-
A B C

em..

erm...

Nwa   -   a chọrọ m iri akara na akamu biko.

Child   -   I would like to eat bean fritters and pap please.

ọ di ụtọ

its Yummy

Gini ka ị choro iri?

What would you like to eat?

Central Igbo Language has been used in this book.
However, Igbo is spoken in different dialects which are
not necessarily represented in this book.
Imena – Thank you.

Other books by the author – Rigo Osisi oroma

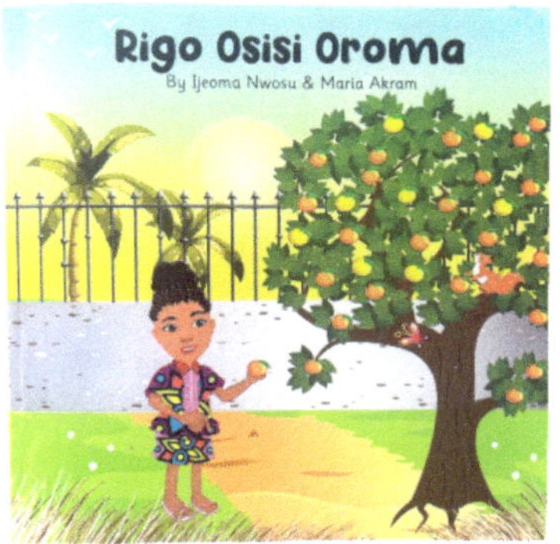

www.igbobooksforkids.com
isbn 978-1-9169020-2-2

Ji
Osikapa
Moimoi
Amara na akamu
Utara na ofe
Achicha
Abrika

Yam
Rice
Bean Cake
Fitters and Pap
Fufu and Soup
Bread
Plantain

Gini ka ị chọrọ iri?
O tete la. Oge iri nri. Kedu ihe ọ ga abu?

Time for breakfast but its hard to decide what to eat. What is it going to be?

This is a dual language book: English with Igbo (one of the Nigerian languages).